Othman
Yahia Baazouzi

Mise en place d'une solution pour la sécurité informatique

Othman Saadaoui
Yahia Baazouzi

Mise en place d'une solution pour la sécurité informatique

Éditions universitaires européennes

Impressum / Mentions légales
Bibliografische Information der Deutschen Nationalbibliothek: Die Deutsche Nationalbibliothek verzeichnet diese Publikation in der Deutschen Nationalbibliografie; detaillierte bibliografische Daten sind im Internet über http://dnb.d-nb.de abrufbar.
Alle in diesem Buch genannten Marken und Produktnamen unterliegen warenzeichen-, marken- oder patentrechtlichem Schutz bzw. sind Warenzeichen oder eingetragene Warenzeichen der jeweiligen Inhaber. Die Wiedergabe von Marken, Produktnamen, Gebrauchsnamen, Handelsnamen, Warenbezeichnungen u.s.w. in diesem Werk berechtigt auch ohne besondere Kennzeichnung nicht zu der Annahme, dass solche Namen im Sinne der Warenzeichen- und Markenschutzgesetzgebung als frei zu betrachten wären und daher von jedermann benutzt werden dürften.

Information bibliographique publiée par la Deutsche Nationalbibliothek: La Deutsche Nationalbibliothek inscrit cette publication à la Deutsche Nationalbibliografie; des données bibliographiques détaillées sont disponibles sur internet à l'adresse http://dnb.d-nb.de.
Toutes marques et noms de produits mentionnés dans ce livre demeurent sous la protection des marques, des marques déposées et des brevets, et sont des marques ou des marques déposées de leurs détenteurs respectifs. L'utilisation des marques, noms de produits, noms communs, noms commerciaux, descriptions de produits, etc, même sans qu'ils soient mentionnés de façon particulière dans ce livre ne signifie en aucune façon que ces noms peuvent être utilisés sans restriction à l'égard de la législation pour la protection des marques et des marques déposées et pourraient donc être utilisés par quiconque.

Coverbild / Photo de couverture: www.ingimage.com

Verlag / Editeur:
Éditions universitaires européennes
ist ein Imprint der / est une marque déposée de
OmniScriptum GmbH & Co. KG
Heinrich-Böcking-Str. 6-8, 66121 Saarbrücken, Deutschland / Allemagne
Email: info@editions-ue.com

Herstellung: siehe letzte Seite /
Impression: voir la dernière page
ISBN: 978-3-8417-4835-5

REMERCIEMENTS

Notre mission n'aurait pas pu être réalisée sans le soutien et l'aide de nombreuses personnes. Nous tenons tout d'abord à remercier notre encadreur Mme Frikha Afifa pour nous avoir dirigé en nous faisant profiter de ses compétences et ses connaissances scientifiques dans le domaine et ce suite à ses discussions critiques, ses contributions, ses encouragements et ses conseils assez utiles et fructueux, qu'elle n'a pas hésité à nous accorder.

Nous remercions également Mr Ben Abada Nizar Chef Division Sécurité et Système à la Bourse de Tunisen acceptant notre candidature ce qui nous a permis de réaliser ce stage. Nous le remercions pour son aide dans la mise en place des manipulations et la mise en œuvre d'OSSIM.

Enfin nous remercions toute l'équipe de la Bourse des Valeurs Mobilières de Tunis pourl'accueil chaleureux au cours de notre stage.

TABLE DES MATIERES

Liste des figures

Introduction générale

Autrefois, en particulier dans les entreprises, les fonctionnaires utilisaient des papiers et des crayons pour sauvegarder leurs données, suite à l'évolution de l'informatique, ces mêmes fonctionnaires ont remplacé ces outils par un système de gestion de base de données qui permet de traiter un grand volume de données.

La perte des données en entreprise extrait un dysfonctionnement de l'activité de l'entreprise et peut parfois engendrer des pertes financières.

Avant l'utilisation massive des ordinateurs, l'espionnage était basé sur des techniques physiques, avec l'arrivé de l'informatique, les réseaux, puis l'internet l'espionnage physique peu à peu est transformé en intrusion informatique. Il devient donc essentiel que les données stockées dans les serveurs soient suffisamment protégées et sécurisées d'une façon optimale.Pour cela de nombreuses solutions et des techniques de sécurisation sont mises en place afin d'assurer la sécurité des données.

Parmi les techniques utilisées, il faut d'abord détecter les failles et les vulnérabilités afin d'obtenir un aperçu du niveau de sécurité de notre système d'information, ensuite le système de détection d'intrusion se déclenche à partir d'une liste de critères définissant les activités anormales et malveillantes qui pourraient survenir.

La détection d'intrusion permet de générer un grand volume d'informations puisque ce système est conçu de cette manière afin d'alerter l'administrateur chargé de la sécurité.

Alors il existe une solution plus intéressante que les systèmes de détection d'intrusion qui permet de réduire le volume d'informations afin de faciliter la tâche d'un administrateur et améliorer la sécurité d'un système d'information.

C'est dans ce contexte que se déroule notre stage de fin d'étude dans la Bourse des Valeurs Mobilières de Tunis.

Dans un premier temps on va présenter la Bourse des Valeurs Mobilières de Tunis, l'entreprise dans laquelle s'est déroulé notre stage, ses activités et son architecture réseau. Dans un deuxième temps, Nous allons expliquer d'une façon succincte le principe de fonctionnement des systèmes d'intrusion par les quelles on détaillera la nouvelle solution apportée au système afin de comprendre ces limites. Ensuite on va présenter les manipulations nécessaires pour cette solution et les raisons de notre solution. Enfin on va terminer ce rapport par une conclusion générale par lequel on va présenter les bénéfices du stage pour nous d'une part et pour l'entreprise d'une autre part.

Chapitre 1 : Présentation du cadre du projet

Au niveau de ce chapitre nous allons présenter dans une première partie la société d'accueil la Bourse des Valeurs Mobilières de Tunis (BVMT) et en undeuxième temps, nous présentons, d'une manière succincte notre projet.

I. Présentation de la société

I.1 Présentation générale

La Bourse des Valeurs Mobilières de Tunis (BVMT) a été créée en février 1969 comme étant un établissement public et a été réorganisée en novembre 1995 par la loi 97-117 pour devenir un organisme privé. Son fonctionnement est régi par un dispositif législatif et réglementaire élaboré dont l'application est soumise à la surveillance de Conseil de Marché Financier (CMF). La Bourse des Valeurs Mobilières de Tunis est un lieu où s'échangent différents produits financiers dont les plus connus sont les actions et les obligations.

La mission de la Bourse est :

- La gestion du marché tunisien des valeurs mobilières par :
  - ✓ L'admission de nouveau titre à la cote de la Bourse,
  - ✓ L'organisation des échanges et la cotation des titres dans les meilleures conditions d'égalité, de sécurité et de transparence,
  - ✓ La diffusion des informations boursières.
- La promotion et le développement du marché boursier.

I.2 Organigramme de la Bourse

L'organigramme de la Bourse des Valeurs Mobilières de Tunis est structuré en six départements (Figure 1).

3

Figure 1 : L'organigramme de la Bourse des Valeurs Mobilières de Tunis

DM : Département Marché
DC : Département de la Communication
DRO : Département des Risques Opérationnels
DSI : Département des Système d'information
DAF : Département Administratif et Financier
DJ : Département Juridique

C'est au sein du département Système d'information (DSI) où va se dérouler notre projet.

Ce département a pour rôle :

- ✓ La sécurité informatique de la Bourse,

- ✓ Gestion des équipements informatiques et de l'infrastructure Réseau,

- ✓ Développement des applications liées à la cotation et les activités de la Bourse,

- ✓ Développement et suivi du site web de la bourse et mise à jour,

- ✓ Gestion et statistique boursière.

Le département système d'information contient quarte divisions (Figure 2).

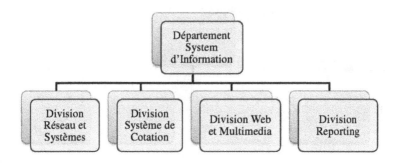

I.3 Présentation du parc informatique de la Bourse

Le réseau de la Bourse de Tunis est segmenté en plusieurs sous-réseaux(VLAN) séparés logiquement. Tous les sous-réseaux sont connectés à deux commutateurs fédérateurs redondants de la gamme Cisco 4507. La communication entre les différents sous-réseaux est définie par des ACL (liste de contrôle d'accès) au niveau des deux commutateurs. La partie LAN du réseau est protégée grâce aux deux pare-feux ASA 5510 configuré en cluster.

Tous les utilisateurs de la Bourse appartiennent au sous-réseau nommé**Corporate**qui regroupe également une infrastructure Active directory formée par deux contrôleurs de domaine, un serveur de fichier et d'impression et un serveur de messagerie Microsoft Exchange. On trouve également un serveur Kaspersky pour la détection des virus et un serveur GFI pour le déploiement des patches de sécurité.

Il existe également un vlan dédié à la supervision de management. Les outils utilisés dans ce réseau sont Nagios, TivoliNetview et LMS Cisco

La Bourse gère dans son parc un ensemble de serveurs notamment :

- ✓ Le serveur ERP (Entreprise Ressource Planning) : c'est un serveur qui aide les utilisateurs de différents métiers à travailler dans un environnement applicatif identique qui repose sur une base de données unique,
- ✓ Le serveur NTP (Network Time Protocol) pour la synchronisation d'horloge via le réseau.

Le cœur du Système d'information de la Bourse de Tunis est le « Nouveau Système de Cotation » (NSC). Il s'agit d'un système de cotation électronique fournit par NYSE Technologie ;

L'apport de ce nouveau système s'articule autour de la transparence, de l'équité et de la sécurité, dans la mesure où les transactions sont effectuées par le biais de gestion automatisée.

La Bourse de Tunis dispose de plusieurs moyens de communication avec le monde extérieur : le NSC à travers son module de Diffusion DIFF et l'application GL server.

Cette panoplie d'outils permet d'offrir une large gamme de moyens d'accès aux données et d'interaction avec intervenants du marché financier, notamment les intermédiaires en bourse et les distributeurs de marché.

Pour fournir aux intermédiaires etaux autres intervenants du marché financier l'accès à sa plateforme de cotation, la Bourse met à leur disposition plusieurs supports de transmission de données à savoir :

- ✓ Une liaison MPLS sur fibre optique,
- ✓ Une connexion Faisceau Hertzien (FH) utilisé comme liaison de secours,
- ✓ Une connexion internet via FH,
- ✓ Une connexion Internet via ADSL utilisé en cas d'indisponibilité de la connexion Internet via FH.

Cette diversification de supports de transmission de données s'explique pour l'engagement de la Bourse envers les acteurs du marché à fournir un accès redondants et sans interruption à ses services.L'architecture réseau de la Bourse peut être matérialisée à travers le schéma dans la page suivante (Figure 3).

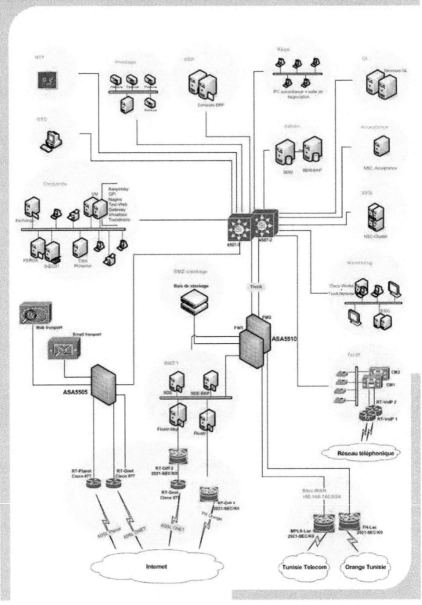

Figure 3 : Architecture Réseau de la Bourse des Valeurs Mobilières de Tunis

II. Présentation de sujet

Afin de protéger son système d'information la Bourse dispose des moyens et outils de sécurité nécessaire, ainsi qu'une une politique de sécurité qui va l'aider à mieux gérer et surveiller son système d'information et son réseau informatique, puisque les responsables informatiques sont amenés non seulement à garantir l'intégrité , la disponibilité et l'authenticité des données.

Ainsi la centralisation de la surveillance réseau est devenue une préoccupation majeure des sociétés actuelles, d'où la nécessité d'une plateforme de supervision facilitant le contrôle et la gestion du système d'information, aidant de se prévenir des incidents systèmes et réseau et gérant les évènements et les alertes survenues sur le réseau en se basant sur la méthode de corrélation.

Dans ce contexte se place notre projet qui vise à mettre en place une solution open source de surveillance des réseaux informatiques de la Bourse, afin d'assurer le monitoring et la collecte des logs des équipements de sécurité (pare-feu) et réseau (routeurs).

Conclusion

Dans ce chapitre nous avons présenté la Bourse des Valeurs Mobilières de Tunis à savoir sa mission, son organigramme et l'architecture physique de son réseau. Pour clôturer le chapitre par une présentation de notre projet.

Chapitre 2 : Etat de l'art

Au niveau de ce chapitre nous, présentons d'abord le concept général de la supervision informatique par lequel nous détaillons les méthodes de supervision.Ensuite, nous évoquons la supervision de la sécurité informatique et enfin nous clôturons par une étude comparative des différents logiciels de supervision.

I. Présentation de la Supervision Informatique

I.1 Définition

La supervision désigne un ensemble de concepts recouvrant la surveillance du bon fonctionnement d'un système informatique (matériel, services, applicatif) en production. Ce concept est né au début des années 1980, lors de l'explosion de la mise en place des réseaux informatiques dans les entreprises. La taille grandissante de ceux-ci ainsi que leur hétérogénéité posaient un réel problème de gestion et d'administration, multipliant les besoins en main d'ouvre d'experts administrateurs. C'est donc à cette époque qu'ont été menées les premières réflexions sur un nouveau concept, celui de la supervision.

La supervision devait être capable de s'adapter à des milieux hétérogènes, d'automatiser le contrôle des réseaux et de générer un ensemble de statistiques donnant une meilleure vision du réseau, permettant d'anticiper les besoins de celui-ci.

La supervision peut ainsi être se définie comme étant l'utilisation de ressources réseaux adaptées (matérielles ou logiciels) afin d'obtenir des informations sur l'utilisation et sur l'état des réseaux et de leurs composants (logiciel et matériels). Ces informations peuvent alors servir d'outils pour gérer de manière optimale le traitement des pannes ainsi que la qualité des réseaux (problème de surcharge). Elles permettent également de prévoir toute future évolution nécessaire.

La supervision peut porter sur plusieurs aspects de l'informatique. Pour simplifier, on peut les classer en trois catégories principales qui sont les suivantes :

- ✓ **La Fiabilité :** Il s'agit de l'utilisation la plus courante de la supervision informatique. Une surveillance permanente de la disponibilité de l'équipement est effectuée, et ce pour détecter la moindre anomalie et de la signaler à l'administrateur,

✓ **La Performance** : la supervision de performance a pour but de retourner des informations sur le rendement d'un équipement ou d'un service comme par exemple le temps de résolution DNS, le temps de connexion etc,

✓ **Le Contenu** : Dans ce dernier cas, on analyse les informations retournées par les éléments surveillés pour détecter, par exemple, la suppression d'un fichier sur un serveur FTP, la modification d'une page Web ou encore la disparition d'un mot clef.

On distingue trois types de supervision

✓ Supervision réseau : ce genre de supervision va permettre d'analyser la disponibilité des équipements connectés sur un réseau informatique,

✓ Supervision applicatif : c'est une visibilité sur l'ensemble de l'équipement physique et également sur les applications qui y sont exécutées et les informations qu'elles renvoient,

✓ Supervision système : situé au cœur du système informatique, il va nous fournir des informations en temps réel sur l'utilisation processeur, Mémoire.

I.2   Les méthodes de la supervision

Il existe trois méthodes pour superviser un système informatique :

✓ Utiliser le protocole SNMP *(Simple Network Management Protocol),*
✓ Analyser les fichiers « log » ou fichier journaux,
✓ Récupérer des résultats de commandes et de scripts locaux ou distants.

I.2.1   Le protocole SNMP

Le protocole SNMP [1] (Simple Network Management Protocol) est un protocole proposé en 1988 par IETF (Internet Engineering Task Force). C'est un protocole de couche application du modèle OSI (Open Systems Interconnexion) basé sur le protocole UDP pour l'acheminement des données. Il existe actuellement trois versions de ce protocole.

Le protocole SNMP utilisé principalement par la gestion à distance des équipements réseau (commutateur, routeur, pare-feu…) en d'autres termes il permet de :

✓ Visualiser une quantité d'information concernant le matériel, la connexion réseau,

✓ Modifier les paramètres de certain composant,

✓ Alerter l'administrateur en cas d'événements.

Le protocole SNMP fonctionne sur un modèle client/serveur et basé sur trois éléments principaux :

Agent : c'est un petit programme installé sur l'équipement à superviser.

Station de supervision : appelé aussi manager, c'est elle qui supervise le réseau via une console qui permet à l'administrateur d'exécuter des requêtes.

MIB (Management Information Base) : c'est une base de données présentée sous forme d'arborescence ou chaque nœud est un identifiant appelé OID (Object identifier).

Fonctionnement du protocole SNMP

L'agent SNMP doit chercher des informations à récupérer. Pour cela on lui précise où trouver l'OID et quelles sont les informations qu'il doit les chercher. Chaque OID va consulter les différents fichiers MIB afin de déterminer le nom et le type d'information. Il retourne alors toutes les données à la station de supervision qui va se charger de les traiter.

Le manager dispose à la fois les fonctions d'un client et d'un serveur.

En effet il est considéré comme client puisque c'est lui qui va envoyer aux divers agents SNMP des requêtes et qu'ils doivent rester en écoute sur le port UDP 161.

De même il est considéré comme serveur car il doit rester en écoute sur le port 162 pour récupérer les alertes que les divers équipements susceptibles d'émettre.

I.2.2   Analyser les fichiers « log »

L'analyse de log [2] est une technique cherchant à donner un sens à des enregistrements générés par les équipements informatiques. Le processus de création de ces enregistrements s'appelle enregistrement de données.

Les logs sont émis par des périphériques réseaux, des systèmes d'exploitation, des applications et plus généralement par toute sortes de diapositifs intelligentes programmables. Par conséquent, l'analyse des logs doit interpréter les messages dans le même contexte afin de faire des comparaisons utiles aux messages provenant de source différentes.

Les objectifs de l'analyse de logs est :

- ✓ Réagir rapidement et efficacement,
- ✓ Réduire les vulnérabilités du système d'information,
- ✓ Collecter des preuves en cas de litige,
- ✓ Suivi de l'activité des composants du système d'information et aide aux décisions d'évolutions.

L'inconvénient des logs est le fait qu'ils représentent des volumes très importantes d'informations voir plusieurs giga, dizaine de giga d'octets par jour.

I.2.3   Récupérer des résultats de commandes et de scripts locaux ou distants

Cette méthode consiste à utiliser des outils comme par exemple la commande Ping qui permet de tester l'accessibilité d'une machine a travers le réseau IP.Elle mesure également le temps mis pour recouvrir une réponse. On peut aussi écrire des scripts Shell afin d'interroger une machine distante.

II. La supervision de la sécurité informatique

II.1 Définition

La supervision de la sécurité informatique est un ensemble technique permettant de collecter et traiter les informations de sécurité (fichier log, alerte) issues de différents systèmes et applications.

Les entreprises font le choix d'une mise en place d'une solution de supervision de la sécurité pour avoir une meilleure vision des événements voire des incidents concernant leur sécurité face à des attaques interne ou externe et limiter ainsi les intrusions sur le système d'information.

Une intrusion est une violation de la politique de sécurité mise en place donc c'est une attaque lancée contre le système. Une attaque informatique est la tentative d'exploiter une faille ou vulnérabilité afin de procéder à une intrusion dans le système d'information.

Pour empêcher ces attaques contre le système d'information, les entreprises doivent installer un système qui permet de détecter les intrusions vers leurs systèmes ou bien mettre en place un système de gestion des événements de la sécurité d'information (SIEM).

Quelle est alors la différence entre un système de détection d'intrusion(IDS) et le système de gestion d'événement de la sécurité d'information? C'est ce que nous allons traiter dans les deux paragraphes qui suivent.

II.2 Système de détection d'intrusion

Un système de détection d'intrusion (IDS, Intrusion Détection System) analyse les données pour récolter celles qui pourraient conduire à des incidents ou à des intrusions. Un IDS se compose généralement de trois blocs fonctionnels essentiels :

- ✓ La collecte des informations,
- ✓ L'analyse des informations récupérées,
- ✓ La détection des intrusions et les réponses à donner.

L'objectif d'un IDS est de détecter les intrusions et surtout d'agir en réponse afin de limiter les actions qui peuvent être réalisées par l'attaquant. Les principaux enjeux de la détection d'intrusion sont de surveiller le niveau de sécurité du système d'information et de savoir en temps réel, si des attaques sont en cours et si elles aboutissent ou non. Malgré tout, ces IDS ont quelques inconvénients qui peuvent réduire leur effet. L'inconvénient majeur réside au fait que les IDS vont générer un grand volume d'alerte.

II.3   SIEM (Security Information and Event Management)

Le SIEM [3] est un système de supervision centralisé de la sécurité en utilisant les informations en provenance de divers équipements. Le SIEM apporte un double bénéfique aux entreprises du fait qu'il constitue un tour de contrôle des événements de sécurité de l'information mais aussi un moyen pour mettre le doigt sur le manque d'efficacité de contrôle de sécurité mis en place.

II.3.1   Architecture des SIEM

Le SIEM [4] se compose en deux solutions

- ✓ SIM (Security Information Management) : c'est un outil qui se focalise sur l'analyse et l'archivage, reporting.
- ✓ SEM (Security Event Management) : c'est un outil qui cherche à collecter et traiter des données en quasi temps réel.

La fusion du SIM et SEM se résume sous le nom de SIEM.

II.3.2   Fonctionnement

Les SIEM s'articulent autour de ces cinq fonctions :

- ✓ Collecte,
- ✓ Normalisation,
- ✓ Agrégation,
- ✓ Corrélation,
- ✓ Gestion des alertes.

La collecte : la fonction principale de la collecte est de fournir au SIEM des données à traiter. Ces données peuvent être de nature diverse en fonction de l'équipement ou logiciel.

On distingue deux modes :

- ✓ Mode actif : dans ce mode, le SIEM possède un ou plusieurs agents déployés sur les équipements à superviser,
- ✓ Mode passif : le SIEM est en écoute directe sur les équipements à superviser sans intermédiaire.

La normalisation : les informations collectées viennent d'équipements et logiciels hétérogènes.la normalisation permet alors d'uniformiser les informations selon un format unique pour faciliter le traitement par le SIEM. Ils existent des formats pour structurer les informations de sécurité et pouvoir les traiter plus facilement.

- ✓ IDMEF (Intrusion Detection Message Exchange Format) : c'est un standard défini dans le RFC 4765 permettant l'interopérabilité entre les systèmes open source et commercialisé, basé sur le format XM L. Il est conçu pour définir les événements et les alertes de sécurité.
- ✓ IODEF (Incident Object and Exchange Format) c'est un standard défini dans la RFC5070 représentant les informations de sécurité échangées entre les équipements. Il fournit une représentation en XML pour transmettre l'information de l'incident.

L'agrégation : l'agrégation est le premier traitement des événements de sécurité. Elle consiste en un regroupement d'événements de sécurité selon certains critères. Son rôle est de réduire le nombre d'événements en associant un poids, cela facilite notamment le traitement de l'étape de corrélation qui gère un groupe d'événements .donc le but ici est de rassembler un ensemble d'alarmes en seule méta-alerte qui partage une série de valeurs d'attribut en commun.

La corrélation : la corrélation correspond à l'analyse des événements selon des critères. Le but de cette étape est d'établir des relations entre les événements, pour ensuite pouvoir créer des alertes ou des rapports d'activité. La corrélation a pour but de réduire le nombre des alertes.

On distingue 2 catégories de technique de corrélation d'alertes :

✓ Corrélation implicite : consiste à effectuer des regroupements d'alertes sur la base de critère de similarité. L'objectif de cette approche est de faire une synthèse du volume d'information présenté à l'opérateur pour lui faciliter la tâche,

✓ Corrélation explicite : consiste à confronter un flot d'alertes à des scénarios d'intrusions spécifiques explicitement dans un langage donné.

La gestion d'alertes : il y a plusieurs façons pour un SIEM de gérer des éléments, plusieurs d'entre elles peuvent être centralisées simultanément :

✓ Reporting : les rapports générés contiennent à la fois une synthèse des alertes et une vue d'ensemble de la sécurité du système à un moment donné (statistique, intrusion, vulnérabilité exploité, classification des attaques..),

✓ Stockage : les clients et les rapports peuvent être stockés dans une base de données,

✓ Réponse : les menaces de réponse aux éléments doivent permettre de stopper une attaque ou de limiter des effets de façon automatique.

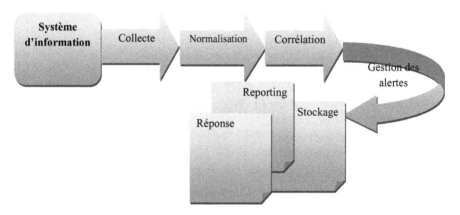

Figure 4 : Schéma du fonctionnement théorique d'un SIEM

On peut constater que les SIEM sont des outils plus performants que les IDS, puisque les SIEM disposent d'un système d'analyse plus évolué que les IDS.

Apres avoir présenté le fonctionnement du SIEM, nous allons enchainer au niveau du paragraphe suivant par une étude comparative des différents outils de SIEM.

II.3.3   Etude comparative des outils SIEM

II.3.3.1   PRELUDE

PRELUE [5] a été créé en 1988 par VONDOORS ELOERE d'un projet de sonde IDS, et racheté par la société CS en 2012 et se transforme en SIEM.

PREULDE est un logiciel SIEM écrit en langage C qui permet de superviser en temps réel la sécurité d'un système d'information, il est compatible avec de nombreux sonde open source (OSSEC, SURICOTO, SOMTHAIN…)

Cette solution analyse en temps réel des évènements afin d'en extraire les alertes de sécurité puis pratiquer une corrélation en format IDMEF entre elles. Le but est d'avoir une vue globale sur l'état de sécurité du réseau et aussi déterminer la cause initial du l'incident.

L'inconvénient majeur de PREULDE réside sur le fait qu'il n'offre aucune solution avancée d'analyse des données.

II.3.3.2   OSSIM (Open Source Information Management)

C'est un SIEM développé par la société AlienVAULT. OSSIM est considéré comme un système d'exploitation basé sur GNU/LINUX debiansquaz.

OSSIM[6] doit gérer des évènements de sécurité provenant de nombreux IDS afin de disposer au maximum d'information pour donner une vision générale du niveau de sécurité du système d'information. Son objectif principal est de fournir un système centralisé organisé, permettent l'amélioration de la visualisation de la masse d'alarmes.

OSSIM possède plusieurs outils d'affichage pour une meilleure vision. Ces outils utilisent des méthodes d'analyse très avancées comme la corrélation, mise en place de niveau de priorité, évaluation des risques qui permettent d'obtenir des alertes d'un lien au incident réseau.

II.3.3.3 Comparaison entre OSSIM et PRELUDE

Le tableau 1 présente une comparaison entre les deux outils open source afin d'extraire le meilleur outil pour notre projet.

	PRELUDE	OSSIM
Domaine	SIEM	SIEM
License	Gpl	Gpl 2
Format d'entrée	divers formats	divers formats
écriture de règle de corrélation	Python	XML
Normalisation	IDMEF	propriétaire
Analyse des données	Pas évolué	Très évolué
Analyse des risques	Pas disponible	Calculé par une formule statique
Documentation	Peu documenté	Assez documenté

Tableau 1: comparaison entre les deux outils OSSIM et PRELUDE

Conclusion

Au niveau de ce chapitre, nous avons présenté d'abord le principe de supervision, puis nous avons évoqué les systèmes de détection d'intrusion(IDS) ainsi que les SIEM et enfin nous avons clôturé le chapitre par une étude comparative des outils de SIEM ce qui nous a amené à choisir OSSIM comme outils de Monitoring et de corrélation de log qui va être utilisé dans notre projet.

Chapitre 3 : Spécification des besoins

Au niveau de ce chapitre, nous allons nous intéresser essentiellement à déterminer les besoins fonctionnels et non fonctionnels attendus par l'utilisateur. Pour se faire, nous devons d'abord présenter l'environnement de la Bourse de Tunis afin d'engendrer une problématique et de proposer une solution.

I.   Etude de l'environnement actuel de travail

La Bourse de Tunis gère un parc informatique très important et complexe, le département informatique doit assurer sa sécurité notamment par supervision. La Bourse dispose alors d'un VLAN dédié à la supervision qui héberge des applications d'administration et de surveillance des équipements, des connexions réseau et des processus métier tels que CISCO WORKS, TIVOLI NETVIEW et NAGIOS.

CISCO WORKS [7] est considéré comme l'outil de gestion propriétaire Cisco qui permet de simplifier la configuration des équipements réseau (routeur, commutateur). En outre, il permet l'administration, la surveillance et le dépannage.

TIVOLI   NETVIEW c'est un système basé sur CORBA qui s'inscrit dans la gestion réseau IBM développé précédemment par TIVOLI SYSTEMS.
C'est un outil qui permet de superviser des applications en réseau et l'état des lignes de transmission de données, il permet aussi de rapporter sur les performances de réseau (commutateur, routeur...) et fournit une analyse du trafic.

NAGIOS [8] c'est une application de supervision système et réseau anciennement appelé NETSAIN sortie en mars 1999, il contrôle les hôtes et les services spécifiés dans son fichier de configuration et d'alerter les administrateurs systèmes et réseau en cas d'événement.

Parmi les fonctionnalités incluent dans NAGIOS :

- ✓ La surveillance des ressources et des hôtes (smtp, pop3, ntp, ping, etc…),
- ✓ Un simple de plugin permettant aux utilisateurs de développer facilement leurs services,
- ✓ La capacité à définir des gestionnaires d'évènements permettant une résolution proactive des problèmes,

- ✓ La rotation automatique des fichiers journaux,
- ✓ Une interface web opérationnelle pour voir en temps réel l'état du réseau, notification et historique des problèmes, fichier log.

II. Problématique

Le système d'information de la Bourse de Tunis n'a cessé d'évoluer ces dernières années induisant l'augmentation des équipements informatiques. Ceci dit, la supervision des équipements, des applications et des services devient difficile à réaliser sans un outil centralisé qui assure la détection d'anomalie et la notification immédiate.

La Bourse de Tunis dispose déjà des outils de supervision mais qui restent insuffisants puisque ils sont dédiés à la supervision métier, application et réseaux, or la Bourse de Tunis a besoin d'un outil qui permet de détecter les intrusions en réduisant les alertes issues de leurs équipements afin d'obtenir une vue globale sur l'état de son réseau.

III. Solution proposé

Suite à l'étude comparative mentionnée dans le chapitre deux (état de l'art), nous pouvons conclure que les SIEM sont des systèmes qui assurent mieux la supervision de la sécurité que les IDS. Par ailleurs, et toujours d'après l'étude comparative du chapitre état de l'art nous pouvons constater que OSSIM est plus performant que PRELUDE grâce à ces méthodes d'analyse qui permettent d'éliminer les inutiles (fausses alertes).

Nous avons proposé alors de mettre en place la solution OSSIM permettant d'assurer

- ✓ La supervision et l'administration des équipements de sécurité réseau (pare-feu, système de prévention d'intrusion) incluant un système d'audit et de suivi des activités réseaux,
- ✓ L'administration des équipements réseaux ainsi que des postes de travail.

IV. Etude des besoins

IV.1 Besoin fonctionnel

Un besoin fonctionnel est un besoin qui spécifie une action qu'un système doit être capable d'effectuer. Notre solution doit satisfaire les besoins fonctionnels suivants :

- ✓ Détecter les intrusions,
- ✓ Classification des événements,

✓ Vérification de la source d'attaques,

✓ Gérer les sources d'attaques.

IV.2   Besoin non fonctionnel

Un besoin non fonctionnel est une restriction à une contrainte qui pèse sur un service. Parmi ces besoins nous citons :

✓ Les contraintes liées à la sécurité,

✓ Les exigences en matière de performance,

✓ La facilité de maintenance.

Conclusion

Tout au long de ce chapitre, nous avons exposé l'environnement actuel de la Bourse de Tunis, nous avons aussi soulevé les problématiques concernant les outils de supervision utilisées par la Bourse de Tunis. Ensuite nous avons proposé la solution et enfin nous avons présenté les besoins fonctionnels et non fonctionnels de notre solution.

Chapitre 4 : Etude d'OSSIM

Ce chapitre est réservé à l'étude de la solution OSSIM. Nous allons détailler son architecture ainsi que le principe de son fonctionnement.

I. Présentation générale de la solution

OSSIM (open source Security information management) est un projet open source de la supervision de la sécurité de l'information. Développé par la société AlienVault en 2003 et stabilisé en 2013.

Cette solution s'appuie sur la gestion de logs basée sur la corrélation ainsi qu'une notion d'évaluation de risques.

OSSIM peut superviser et piloter la sécurité d'un réseau dans sa globalité. Il prend en compte les serveurs (tout système d'exploitation), les équipements réseaux (pare- feu, routeuretc...).

OSSIM est entièrement software qui regroupe un grand nombre d'outils open source snort, nessus, nmap, ntop, p0f, tcptrack, syslog, pads et nagios. (Voir annexe A)

Les objectifs d'OSSIM sont :

- ✓ Effectuer une analyse de corrélation afin de créer des alarmes de sécurité à partir de plusieurs événements remontés pour les sondes,
- ✓ centraliser des évènements de sécurité,
- ✓ Fournir une interface graphique d'administration.

OSSIM fournit donc par le biais de son Framework un outil administratif qui permet de configurer et d'organiser les différents modules qui vont composer la solution.

II. Architecture

OSSIM est basé sur l'architecture client/serveur. Elle est composée d'un serveur centralisé sur lequel des agents peuvent se connecter.

En effet OSSIM met en jeu deux processus appelé**ossim-server**et **ossim-agent**dont voici les caractéristiques

Ossim-server : constitue le noyau de l'architecture. En effet, celui-ci contient les modules d'analyse et de corrélation des données ainsi qu'un service pour l'affichage de la console et de pilotage.

Ossim –agent : c'est un agent qui a pour rôle de collecter des informations et de les renvoyer vers le serveur.

III.   Fonctionnement

Le principe de fonctionnement d'OSSIM est formé de trois grandes catégories décomposées elles-mêmes en sous catégories :

- ✓ La détection,
- ✓ L'analyse,
- ✓ Le management.

III.1   La détection

Cette phase est effectuée à l'aide des sondes capables de traiter les informations en temps réel et d'émettre des alarmes lorsqu'une situation à risque est détectée.

Dans le cadre d'OSSIM, une sonde peut utiliser deux approches afin de déterminer si un événement est à risque ou non, une approche par scénario et la deuxième qui est basée sur l'approche comportementale.

L'approche par scénario : Cette approche consiste à rechercher dans l'activité de l'élément surveillé les empreintes (ou signatures) d'attaques connues.

L'approche comportementale : Elle consiste à détecter des anomalies. Elle comprend toujours une phase d'apprentissage au cours de laquelle les IDS vont "découvrir" le fonctionnement "normal" des éléments surveillés.

III.2   L'analyse

La méthode de traitement de données peut être décomposée en trois phases :

- ✓ Prétraitement : génération des alarmes.
- ✓ Rassemblement : toutes les alarmes précédentes envoyées sont emmagasinées dans un serveur central,

✓ Post-traitement: le traitement des données que l'on a emmagasiné.

Les deux premières phases ne présentent rien de nouveau dans le cadre d'OSSIM.OSSIM offrira uniquement de nouvelles méthodes d'analyse et d'affichage. Différentes méthodes d'analyse sont implémentées dans le cadre d'alienvault :

✓ Définition de la priorité des alarmes
✓ Evaluation des risques
✓ Corrélation.

III.2.1 Définition de la priorité des alarmes

Ce procédé permettra de déduire la priorité d'une alarme en fonction de son type. Par exemple nous admettons qu'une attaque provenant d'internet et ayant pour cible un serveur financier plutôt qu'un serveur d'impression, alors nous pourrons donner un score de priorité entre 0 (priorité minimale) et 5 (priorité maximale).

III.2.2 Evaluation des risques

Le risque peut être défini comme la probabilité de menace de l'événement. En d'autres termes, cette étape tente d'évaluer le risque d'une attaque en cours. L'importance à donner à un environnement dépend principalement de trois facteurs :

✓ La valeur du bien attaqué,
✓ La mesure représentée par l'événement,
✓ La probabilité que l'événement apparaisse.

Les trois facteurs présentés ci-dessus sont du calcul du risque intrinsèque.

Le risque intrinsèque mesure l'impact potentiel de la menace sur le bien informatique en fonction de la probabilité que cette menace apparaisse, or le risque immédiat peut être associé à la situation courante, ce risque offre une vision de l'évolution des dégâts d'une alarme.

III.2.3 Corrélation

La corrélation se fait à partir de toutes les informations récoltées par les agents. La corrélation peut être simplement définie comme un procédé traitant des données (inputs) et retournant un résultat (outputs).

OSSIM utilise deux types d'inputs :

Information du moniteur qui fournit des indications à l'administrateur et Information des détecteurs qui fournissent normalement des alarmes.
En sortie, on retrouve également l'un de ces deux éléments : alertes ou indicateurs.

Le modèle de corrélation sous OSSIM a objectifs suivants :

✓ Utilisation de méthodes par signature, pour la détection d'évènements connus.

✓ Utilisation de méthodes sans signature, pour la détection d'évènements non connus.

✓ Utilisation d'une machine d'états configurable par l'utilisateur, pour la description de signatures complexes.

✓ Utilisation d'algorithmes évolués, pour l'affichage général de la sécurité.

III.3 Le management

Le monitoring consiste en l'affichage des informations fournies. Les consoles de monitoring utilisent les différentes données produites par les procédés de corrélation. Nous allons présenter quelques moniteurs d'OSSIM.

Moniteur de risque : Ce moniteur appelé "RiskMeter" permet l'affichage des données par l'algorithme CALM.

Console légale : Cette console offre l'accès à toutes les informations recueillies et stockées par le collecteur. Elle est donc un outil de recherche sur la base de données d'évènements. Celle-ci permet une analyse à posteriori détaillée et approfondie des éléments réseaux.

Panneau de contrôle : Cette console offre un aperçu de haut niveau de la sécurité. Elle permet la définition de seuils générant des alarmes de haut niveau à destination de l'administrateur réseau en charge de la sécurité. L'affichage est simple, il est le plus concis possible et permet la visualisation des informations suivantes :

✓ Monitoring constant du niveau de risque,

✓ Monitoring constant du réseau (statistiques d'utilisation),

✓ Monitoring des seuils définis,

✓ Monitoring des profils dépassant les seuils.

IV. Avantage et inconvénients d'OSSIM

Avantages	Inconvénients
✓ Solution open source ✓ Pas de solution (open source concurrente à ce jour) ✓ Concept d'analyse très innovateur	✓ Solution complexe à mettre en ouvre ✓ Configuration fastidieuse ✓ Consomme beaucoup de ressource

Tableau 2 Avantage et inconvénients d'OSSIM

Conclusion

Dans ce chapitre nous avons présenté la solution OSSIM que nous allons l'adapter aux besoins de la Bourse de Tunis.

Chapitre 5 : Conception

La conception permet de décrire de manière non ambiguë le fonctionnement désiré du système afin de faciliter la réalisation et la maintenance, pour se faire, nous présentons dans une première partie l'architecture globale de la solution ensuite dans la deuxième partie, nous détaillerons les choix conceptuels.

I.   Architecture globale de la solution

Notre   projet   consiste   à   mettre   en   place   un   serveur OSSIM dans le VLAN Monitoring.Nous allons alors   expliquer par l'architecture ci-dessous (Figure 5) nos choix techniques de la solution afin de clarifier la partie réalisation.

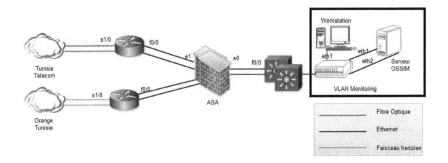

Figure 5 : Architecture réseau de la solution

Cette architecture a été prise de l'architecture globale de la Bourse de Tunis. Avant de passer à la conception. Nous allons décrire brièvement cette architecture.

En effet l'architecture réseau composé de :

- ✓ deux routeurs Cisco 2921,
- ✓ deux pare-feu Cisco ASA 5510,
- ✓ deux commutateurs Cisco 4507.

Le routeur qui relie la liaison de l'opérateur Tunisie Telecom (liaison principale) est configuré par le protocole MPLS sur Fibre Optique avec un débit 8 MB/s. L'autre routeur qui relie Orange Tunisie (liaison secondaire) est un réseau de transmission de données Wireless via les Faisceaux Hertziens avec un débit de 6 Mb/s.Comme indiquéprécédemment le VLAN Monitoring est consacré à la supervision. Cette politique permet d'administrer les différents équipements du parc informatique de la Bourse de Tunis et réduire ainsi les risques critiques du système d'information, mais aussi d'identifier les menaces, de les prévenir, de raccourcir les délais d'intervention ou encore simplifier l'administration.

Pour des raisons de sécurité la Bourse de Tunis, nous a permis de tester cette solution sur une architecture a part schématisée ci-dessous (figure 6)

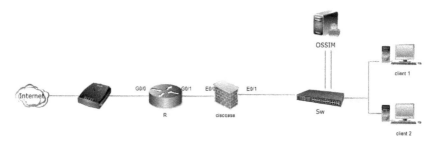

Figure 6: architecture réseau teste

II. Choix conceptuel de la solution

Afin de fixer nos choix conceptuels de notre solution, nous nous sommes appuyés sur un certain nombre de critère à savoir : la performance, le coût, la disponibilité, la sécurité ainsi que la centralisation. Donc ce qui suit nous allons argumenter nos choix conceptuels selon ces critères ci-dessus mentionnés.

II.1   Performance et coût

En réalité le système OSSIM est conçu pour superviser tout genre d'équipement (routeur, commutateur, pare-feu) et même des applications. Or puisque la Bourse de Tunis dispose déjà des outils de supervision comme NAGIOS, TIVOLINETVIEW… d'autant plus que OSSIM consomme beaucoup de ressource pour assurer ses fonctions de corrélation et d'évaluation des risques, nous avons constaté que alors que le fait de superviser tous les équipements de la bourse est une faute conceptuelle non seulement une perte de temps en analysant une grande quantité des fichiers logs mais essentiellement pour ne pas charger le serveur et pour ne pas gaspiller la bande passante.

Pour cela nous optons à ce qu'OSSIM supervise uniquement les équipements CISCO qui apparaissent dans notre topologie. Une question peut alors se poser, puisque OSSIM dispose déjà de plusieurs outils, pourquoi ne pas remplacer OSSIM par les outils que la Bourse de Tunis dispose ?

Pour répondre à cette question nous devons rappeler que OSSIM a été conçu pour pallier les limites des IDS afin d'avoir une meilleur analyse des événements de sécurité. Or parmi les limites est le fait qu'il utilise beaucoup de ressource mémoire et donc c'est pour cette raison qu'actuellement, la Bourse n'a pas mis dans sa politique de sécurité de remplacer ces outils de supervision déjà existant par OSSIM. En plus la notion de SIEM est nouvelle et donc il n'y a pas assez d'expérience dans ce domaine.

II.2   Centralisation de l'architecture et plan d'adressage

Le choix de mettre en place OSSIM dans le VLAN Monitoring nous permet d'avoir une architecture non distribuée et donc d'avoir un serveur central, on parle désormais de la centralisation.

La centralisation facilite l'indexation des contenus et donc augmente la pertinence des résultats des recherches et favorise l'unicité de l'information.

Cette structure est très pratique pour l'organisation de l'information. En effet, pour notre cas,collecter les données issues de différents équipements dans un serveur central permet une meilleure corrélation des données et donc une meilleure vision sur l'état de notre réseau.

Le plan d'adressage de notre solution est le suivant :

Nom hôtes	Interface	@IP & Masque	Valn/Trunk	Connecté à	N°port SW
Serveur-OSSIM	eth0	172.31.1.100/24	Vlan 1	172.31.1.10/24	g0/4
	eth1	172.31.1.101/24	Vlan 1	172.31.1.10/24	g0/5
Workstation 1	eth0	172.31.1.2/24	Vlan 1	172.31.1.10/24	g0/2
Workstation 2	eth0	172.31.1.55/24	Vlan 1	172.31.1.10/24	g0/3
Firewall ASA	e0/0	172.31.1.1/24	Vlan 1	172.31.1.10/24	g0/1
	e0/1	10.10.10.1/24		10.10.10.2/24	
Routeur R	g0/0	10.10.10.2/24		10.10.10.1/24	
	g0/1	192.168.1.10/24		192.168.1.1/24	
ADSL		192.168.1.1/24		192.168.1.10/24	

Tableau 3:plan d'adressage

II.3   Disponibilité

La mise en place d'OSSIM dans le sous-réseau Monitoring nous permet d'assurer la disponibilité de ce serveur via des outils de supervision que la Bourse de Tunis dispose tel que NAGIOS. En effet, en cas de panne celui-ci va se charger d'alerter l'administrateur responsable de la sécurité.

II.4   Sécurité

Le choix conceptuel de mettre le serveur OSSIM derrière le firewall est issu non seulement du fait de pouvoir collecter les fichiers log provenant du firewall mais aussi de protéger le serveur lui-même contre toute tentative d'intrusion.

Conclusion

Nous avons présenté dans ce chapitre la conception détaillée de notre solution en présentant nos choix conceptuels adoptés. Ceci nous permet maintenant de passer directement au chapitre réalisation pour exposer notre travail ainsi que les résultats attendus.

Chapitre 6 : Installation et mise en place

Dans ce chapitre nous présentons les étapes de réalisation de notre projet. Dans un premier temps, nous exposons l'environnement matériel et logiciel utilisé, dans un deuxième temps, nous présentons les étapes d'installation et de configuration, afin de répondre aux besoins déjà fixés.

I. Environnement de développement

I.1 Environnement matériel

Les caractéristiques de l'ordinateur :

Workstation 1 :

Fréquence de CPU	Intel® Core ™ i5-3230M CPU @ 2.60 GHZ (4 CPUs)
Taille de RAM	4096 MB (4 GO)
Taille de disquedure	500 GO

Workstation 2 :

Fréquence de CPU	Intel® Core ™ i3-2350M CPU @ 2.30 GHZ (4 CPUs)
Taille de RAM	4096 MB (4 GO)
Taille de disquedure	500 GO

VM_Serveur-OSSIM :

Fréquence de CPU	Intel® Core (4 CPUs)
Taille de RAM	8192 MB (8 GO)
Taille de disquedure	30 GO

Les caractéristiques des équipements d'interconnexion :

Nom d'équipements	Modèle	Version IOS
Pare-feu ASA CISCO	ASA 5505	9.0(1)
Switch CISCO	C2960G	12.2
Routeur CISCO	2911/K9	15.3

I.2 Environnement logiciel

Les systèmes d'exploitation utilisés sont :

- Windows 7,

- OSSIM 4.6.1 sur Debian Linux,

Les logiciels utilisés : VMware Client, ASDM7.1

II.   Installations et mises en place

II.1   Configuration des équipements d'interconnexion CISCO

Tout d'abord, il faut configurer les interfaces des équipements d'interconnexion Cisco, le routeur R, le pare-feu ASA et le commutateur niveau 2 (SW), puis installer le protocole de routage statique.

II.1.1   Configuration routeur R

Les adresses réseaux qui sont connectée directement sur le routeur R est 192.168.1.0/24 et 10.10.10.0/24. Chaque interface contient une adresse IP à savoir :

L'interface g0/0 : 192.168.1.10

L'interface g0/1 : 10.10.10.1

```
R (config)#int g0/0

R (config-if)#ip add 192.168.1.10  255.255.255.0

R (config-if)#no shut

R (config-if)exit

R (config)#int g0/1

R (config-if)#ip add 10.10.10.1  255.255.255.0

R (config-if)#no shut

R (config-if)#exit

R(config)#ip name-server 193.95.66.10

R(config)#ip route 0.0.0.0 0.0.0.0 192.168.1.1
```

```
R(config)#ip route 10.10.10.0 255.255.255.0 g0/1

R(config)#int g0/0

R(config-if)#ipnat outside

R(config)#int g0/1

R(config-if)#ipnat inside
```

Activation du protocole **syslog**dans le routeur R pour l'envoi des fichiers logs vers le serveur OSSIM via l'interface eth1.

```
R(config)#logging on

R(config)#logging source-interface g0/1

R(config)#logging host 172.31.1.101
```

II.1.2 Configuration Firewall ASA

Le nom de l'interface « OUTSIDE » de Firewall ASA qui est connecté directement par le routeur R est « e0/0 » avec une adresse IP 10.10.10.2/24, et le nom de l'interface « INSIDE » qui est connecté par le Switch niveau 2 est « e0/1 » avec une adresse IP 172.31.1.1/24.

```
ciscoasa(config)# int g0/0

ciscoasa(config-if)# nameif outside

ciscoasa(config-if)# security-level 0

ciscoasa(config-if)# ip add 10.10.10.2255.255.255.0

ciscoasa(config-if)# no shut

ciscoasa(config-if)# exit

ciscoasa(config)# int g0/1

ciscoasa(config-if)# nameif inside

ciscoasa(config-if)# security-level 100

ciscoasa(config-if)# ip add 172.31.1.1255.255.255.0
```

```
ciscoasa(config-if)# no shut

ciscoasa(config-if)# exit

ciscoasa(config)#access-list FROM-PLANET extended permit icmp any any echo

ciscoasa(config)#access-list FROM-PLANET extended permit icmp any any
echo-reply

ciscoasa(config)#access-list FROM-PLANET extended permit ip any any

ciscoasa(config)#access-list inside_access_in extended permit ip any any

ciscoasa(config)# nat (inside, Planet) source dynamic any interface

ciscoasa(config)# access-group inside_access_in in interface inside

ciscoasa(config)# access-group FROM-PLANET in interface Planet

ciscoasa(config)# route Planet 0.0.0.0 0.0.0.0 10.10.10.1 1
```

Activation du protocole **syslog**dans le pare-feu ASA.

```
ciscoasa(config)# logging enable

ciscoasa(config)# logging timestamp

ciscoasa(config)# logging buffered debugging

ciscoasa(config)# logging trap notifications

ciscoasa(config)# asdm informational

ciscoasa(config)# logging host inside 172.31.1.101
```

Sur le Firewall ASA il faut activer le protocole ICMP pour permettre le « Ping ». Par défaut,
cette option est désactivée.

```
Ciscoasa (config) # policy-mapglobal_policy

Ciscoasa (config-pmap) # class inspection_default

Ciscoasa (config-pmap-c) # inspect icmp

Ciscoasa (config-pmap-c) # inspect icmp error
```

II.1.3 Configuration commutateur

```
SW # conf t

SW (config) # intvlan 1

SW (config-if) # ip add 172.31.1.10255.255.255.0

SW (config-if) # no shut

SW (config-if) # exit
```

Activer le protocole syslog dans le commutateur SW.

```
SW (config) # logging on

SW (config) # logging 172.31.1.101
```

II.2   Les étapes d'Installation du serveur OSSIM

Au début, nous devons télécharger le système OSSIM lienVault_Ossim_64bit_4.6.1 » sur le site officiel d'AlienVAULT.

Etape 1 : choisissez « installAlienVault USM 4.6 (64 Bit)

Etape 2 : saisir l'adresse IP 172.31.1.100

Etape 3 : saisir le masque réseau 255.255.255.0

Etape 4 : saisir la passerelle 172.31.1.1

Etape 5 : Définition le mot de passe root

L'interface principale de serveur OSSIM est la suivante

Conclusion : dans ce chapitre nous avons présentées la configuration des équipements d'interconnexion CISCO, et les étapes d'installation le serveur OSSIM.

Chapitre 7 : Personnalisation d'OSSIM

Au niveau de ce chapitre, nous allons configurer OSSIM afin qu'il répond aux besoins attendus. La personnalisation d'OSSIM comporte plusieurs étapes à savoir :

- ✓ Activation des plugins « Cisco-asa » et « Cisco-router »,
- ✓ Configuration des plugins,
- ✓ Configuration des interfaces réseaux,
- ✓ Analyser les équipements réseaux,
- ✓ Log Management.

Dans les paragraphes suivant nous allons détailler cette configuration.

I. Activation Plugins

L'activation du plugin se fait de la manière suivante :

Au début, nous devons choisir « Configure Sensor » puis appuyer sur « Configure Data Source Plugins », ensuite choisissez les plugins cisco-asa et cisco-router, enfin appuyer sur « Apply all changes » pour sauvegarder tous les changements.

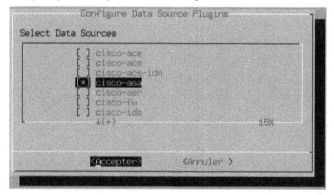

II. Configuration du Plugin

Accéder au répertoire /etc/rsyslog.d, puis créer un nouveau fichier nommé cisco-asa.conf

```
cd /etc/rsyslog.d

vi cisco-asa.conf

if ($fromhost-ip == '172.31.1.1') then /var/log/cisco-asa.log
```

```
& ~
```

Sur le même répertoire nous devons doit créer un autre fiché nommé cisco-router.conf

```
cd /etc/rsyslog.d
```

```
vi cisco-router.conf
```

```
if ($fromhost-ip == '10.10.10.1') then /var/log/cisco-router.log
```

```
& ~
```

Maintenant il faut redémarrer le service rsyslogd

```
# servicersyslog restart
```

Pour tester le fichier de configuration cisco-asa.conf et cisco-router.conf

```
# servicersyslog stop
```

```
# rsyslogd –n –d | grep cisco
```

Dans le repertoire /etc/ossim/agent/plugins/, modifier « cisco-asa.cfg » et « cisco-router.cfg » à ce qui suit :

 ✓ Sur fichier cisco-asa.cfg

```
vi /etc/ossim/agent/plugins/cisco-asa.cfg
```

```
...
```

```
type = detector
```

```
enable = yes
```

```
source = log
```

```
Location = /var/log/cisco-asa.log
```

```
create_file = true
```

```
process = rsyslogd
```

```
startup = /etc/init.d/rsyslog start
```

```
shutdown = /etc/init.d/rsyslog start
```

✓ Sur fichier cisco-router.cfg

```
vi /etc/ossim/agent/plugins/cisco-router.cfg

...

type = detector

enable = yes

source = log

Location = /var/log/cisco-router.log

create_file = true

process = rsyslogd

startup = /etc/init.d/rsyslog start

shutdown = /etc/init.d/rsyslog start

...
```

Créer un nouveau fichier de configuration de la rotation du journal:

✓ Au niveau de fichier de configuration de la rotation du journal de pare-feu ASA :

```
nano –w /etc/logrotate.d/cisco-asa
```

Ajouter le contenu suivant dans le fichier

```
/var/log/cisco-asa.log

{

        rotate 10 # save 10 days of logs

        daily # rotate files daily

        missngok

        notifempty

        compress
```

```
    delaycompress

    invoke-rc.drsyslogreload> /dev/null

    endscript

}
```

✓ Au niveau de fichier de configuration de la rotation du journal de pare-feu ASA :

```
nano −w /etc/logrotate.d/cisco-router
```

Ajouter le contenu suivant dans le fichier

```
/var/log/cisco-router.log

{

    rotate 10 # save 10 days of logs

    daily # rotate files daily

    missngok

    notifempty

    compress

    delaycompress

    invoke-rc.drsyslogreload> /dev/null

    endscript

}
```

Valider que vous recevez les paquets syslog de l'appareil source par écrit le suivante:

```
tcpdump −i eth1 −v −w /dev/null '172.31.1.1 and port 514'
```

```
tcpdump −i eth1 −v −w /dev/null '10.10.10.1 and port 514'
```

Redémarrer le SyslogCollector, l'agent OSSIM et serveur OSSIM

```
/etc/init.d/rsyslog restart
```

/etc/init.d/ossim-agent restart

/etc/init.d/ossim-server restart

III.   Configuration des interfaces réseaux

A la station Workstation nous allons lancer le navigateur et tapez sur l'URL l'adresse IP de serveur OSSIM 172.31.1.100. Le serveur OSSIM affiche dans le navigateur un formulaire pour faire l'inscription et entrer les coordonnées de l'administrateur.

Si on termine l'inscription, le serveur OSSIM affiché page d'authentification pour saisie le login et le mot de passe d'administrateur.

OSSIM utilisée les interfaces pour surveiller le réseau, de collecter les données de log, analyse de vulnérabilité. Dans notre cas il faut utiliser deux d'interface différent, la première interface **eth0** « Management » qui est utilisé pour connecter à l'interface Web, et la deuxième interface **eth1** « Log Collection & Scanning » pour collecter des fichiers log.

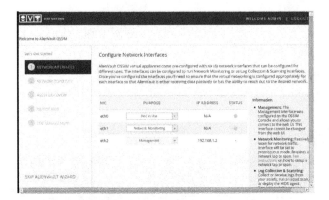

IV.   Configuration des interfaces réseaux

OSSIM permet d'analyser le réseau pour on savoir les équipements qui sont connectées sur le réseau avec les adresse IP de chaque équipement.

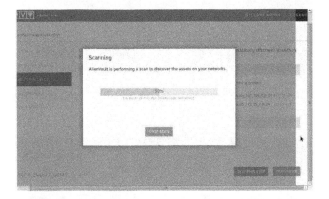

V.   Log Management

Choisissez le modèle et la version d'IOS de chaque équipement.

Let's set up log management on your network devices

Set up Log Management

During the asset discovery scan we found 7 network devices on your network. Confirm the vendor, model and version of the device shown. Click the button to enable the data source plugin for each device

EVALUATION	FABRICANT	MODEL	VERSION
Host-192-168-1-10 (192.168.1.10)	Cisco ✕ ▼	Select Model ▼	Select Version ▼
Host-172-31-1-2 (172.31.1.2)	Microsoft ✕ ▼	Select Model ▼	Select Version ▼
Host-172-31-1-1 (172.31.1.1)	Cisco ✕ ▼	Select Model ▼	Select Version ▼
Host-172-31-1-10 (172.31.1.10)	Cisco ✕ ▼	Select Model ▼	Select Version ▼
Host-10-10-10-1 (10.10.10.1)	Cisco ✕ ▼	Select Model ▼	Select Version ▼
alienvault (172.31.1.100)	Apache ✕ ▼	HTTP Server ✕ ▼	Select Version ▼
Host-172-31-1-101 (172.31.1.101)	Select Vendor ▼	Select Model ▼	Select Version ▼

Conclusion générale

La sécurité est devenu une préoccupation primordiale pour les entreprises, les outils de détection d'intrusion présentent une certaine limite, la tendance est d'utiliser un système de gestion de la sécurité de l'information.

C'est dans ce cadre que se présente notre projet de fin d'étude réalisé au sein de la Bourse des Valeurs Mobilières de Tunis.

D'abord nous avons commencé par une première partie dans laquelle nous avons présenté le cadre de ce projet, outre nous avons constaté le fait d'utiliser un SIEM est mieux pour la sécurité de l'entreprise puis nous avons détaillé la partie conceptuel et enfin nous avons terminé la partie réalisation dans laquelle nous avonsconfiguré l'outil OSSIM afin de répondre aux besoins attendus :

- ➢ Détecter les intrusions
- ➢ Réduire la quantité d'information
- ➢ Gérer les sources d'attaques

Par ailleurs, OSSIM étant est un outil open source, faut-il l'améliorer afin de contourner l'inconvénient qu'il présenteà savoir la grande consommation de la mémoire.

Bibliographie et Néographie

Nous avons utilisées principalement l'internet voilà les différents sites :

[1] http://www.frameip.com/snmp/

[2] http://www.dicodunet.com/definitions/hebergement/fichier-log.htm

[3]http://www.comprosec.ch/fileadmin/document_archive/Library/RSA_enVision/WPF_7_as
pects_a_considerer_pour_evaluer_uns_solution_SIEM___9724_7SIEM_WP_0708_FRENCH
-lowres_cps_dis.pdf

[4] http://www.journaldunet.com/solutions/expert/39767/comprendre-les-raisons-de-l-echec-des-siem-et-sim.shtml

[5] http://linuxfr.org/news/prelude-ids-1-1-0

[6] http://www.philippe-martinet.info/ossim-project/Rapport-OSSIM-Philippe-Martinet.pdf

[7] http://www.cisco.com/web/FR/documents/pdfs/newsletter/ciscomag/2010/12/ciscomag_3
6_6_lms4_.pdf

[8] www.nagios.org/documentation

Annexe A

Snort (IDS)

Snort est un système de détection d'intrusion réseau (IDS), permet analysé le trafic en temps réel et de journalisation de paquet sur des réseaux IP.

Il permet d'analyse de protocoles, de la recherche / correspondance de contenu et peut être utilisé pour détecter une variété d'attaques et de scans.

Ntop

NTOP (Network TOP) est un outil libre de supervision réseau. C'est une application qui produit des informations sur le trafic d'un réseau en temps réel (comme pourrait le faire la commande top avec les processus).

P0f

P0f est un outil de prise d'empreintes réseau passif, sous licence GNU LGPL. Cela veut dire qu'il analyse les connexions réseaux TCP/IP, même incomplètes, pour essayer d'en faire ressortir certaines caractéristiques (par exemple les flags TCP utilisés ou la taille des paquets) et ainsi en déduire l'identité (l'OS, la version du noyau) des ordinateurs derrière ces connexions.

TCPTrack

TCPTrack est un sniffer affichant des informations sur les connexions TCP qu'il rencontre sur une interface. Il détecte passivement les connexions TCP sur l'interface à analyser et affiche les informations de la même manière que la commande Unix *top*. Il permet l'affichage des adresse source et destination, de l'état de la connexion, du temps de connexion ainsi que de la bande passante utilisée.

OSSEC

OSSECestun HID (Host-based Intrusion Detection System). Il s'agit en quelque sorte d'une sonde qui travaille sur une machine en particulier et analyse les éléments propres à cette machine. OSSEC dispose de fonctionnalités adaptées à son utilisation, comme l'analyse de logs, la détection de rootkit, les alertes en temps réel et les réponses actives.

Annexe B

Algorithme CALM

CALM (Compromise and AttackLevel Monitor) est un algorithme qui emploie l'accumulation d'événement et leur rétablissement dans le temps.

En entrée, il récupère un volume élevé d'événements, et en sortie il fournit un indicateur unique de l'état général de la sécurité.

Cette accumulation est valable pour n'importe quel objet sur le réseau (n'importe quelle machine, groupe de machine, segment de réseau, etc.) que l'on souhaite surveiller.

Annexe C

Syntaxe XML: règle de corrélation

Nous allons maintenant reprendre la définition des attributs utilisables (paramètres) dans les différentes balises XML.

Balise directive

id : l'id de la directive de corrélation

name : le nom de celle-ci affiché dans le Framework

prority : la priorité de la règle

Balise rule

type : le type de la règle

name : le nom de celle-ci

plugin_id : la provenance de l'alerte que nous attendons

plugin_sid : le numéro d'événement de l'alerte du plugin que nous attendons

reliability : le paramètre de fiabilité entrant dans le calcul du risque

time_out : la fenêtre temporelle dans laquelle la règle afin doit être matchée

occurrence : le nombre de fois que doit être matché la règle afin de passer à la suivante

protocol : le type de protocole sur lequel s'applique la règle

from : l'adresse IP source de la trame matchée par la règle

to : l'adresse IP de destination de la trame matchée par la règle

port_from : le port source de la trame matchée par la règle

port_to :leprot source de la trame matchée par la règle

condition : la condition a appliquer si le contrôle d'une véhiculée par l'alerte est nécessaire

value : la valeur à comparer à la quantité véhiculée par l'alerte

absolute : valeur permettant de définir si la valeur à comparer est absolue ou relative

interval : l'interval dans lequel la règle doit s'appliquer

sticky : paramètre permettant de geler les paramètres non défini dans la directive

sticky_different : paramètre permettant de forcer un attribut à être différent lorsque plusieurs occurrences de la règle sont attendues.

Balise rules

Cette balise permet l'encapsulation d'une ou plusieurs règles (balise rule). Si plusieurs règles rule sont présentes au même niveau (sans imbrications) à l'intérieur de la balise rules, un **OU** est opéré entre celles-ci (exemple : la 1ère règle ou la deuxième règle ou la 3éme règle…). Cette balise ne contient aucun attribut.

Glossaire

BVMT : Bourse des Valeurs Mobilières de Tunis

CMF : Conseil de Marché Financier

DSI : Département système d'Information

VLAN : Vitrual Local Area Network

ACL : Liste de Contrôle d'Accès

LMS CISCO : Lan Management Solution CISCO

ERP : Entreprise Ressource Planning

NTP : Network Time Protocol

NSC : Nouveau Système de Cotation

MPLS : Multi-Protocol Label Switching

FH : Faisceau Hertzien

DNS : Domain Name System

FTP : File Transfer Protocol

SNMP : Simple Network Management Protocl

IETF : Internet Engineering Task Force

OSI : Open System Interconnexion

UDP : User Datagram Protocol

MIB : Management Information Base

OIM : Object Identifier

SEIM : Security Event Information Management

SEM : Security Event Management

IDS : Intrusion Detection System

IDMEF : Intrusion Detection Message Exchange Format

XML : entendez eXtensibleMarkupLanguage

IODEF : Incident Object and Exchange Format

OSSIM : Open Source Information Management

POP 3 : Post Office Protocol 3

CALM : Compromise and AttackLevel Monitor

IP : Internet Protocol

SW : Switch

VM : Virtual Machine

R1 : Routeur 1

R2 : Routeur 2

URL : Uniform Resource Locator

www.ingramcontent.com/pod-product-compliance
Lightning Source LLC
La Vergne TN
LVHW042350060326
832902LV00006B/500